백두대간,
길을 묻다

시계 시선 07

김보한 서사시조敍事詩調집

백두대간, 길을 묻다

詩界

자서 自序

나는 백두대간을 통해 추상적인 개념의 산이 아니라, 현존하는 거대한 산줄기를 직접 체험하고 느껴 보았다.

이 몸소 겪음의 작업은 드러내 그대로 보이는 산의 날것을 의미한다. 이를 현상의 시적 범주에서, 〈백두대간〉 시조 만들기를 시도하여, 한 권의 창작집으로까지 완성하였다. 나름대로 많은 시간을 할애한 작업이다.

현상의 시, 즉 산악시조를 구현한 것이다.

현상의 시는 구체적 체득에서 비롯된, 의미 있는 경험을 바탕으로 한다. 나아가 시적 이미지를 확장시킬 때 가능하다. 몸으로 흠뻑 땀 흘림으로써 생산되어진, 정제된 율동의 덩어리인 생명이, 현상의 시라 할 수 있는 것이다.

순수개념의 새로운 장르 소재의 전개를 통해, 나아가 숙성된 재구성과 의미의 성립이, 또 다른 시적 미학의 세계를 드러낼 수 있으리라 믿는다.

본 시조집을 구성함에 있어 각 부(部)의 구분은, 산림청과 녹색연합이 2013년 9월 9일 백두대간 남한지역을, 10구간[1)]으로 생태구분 선정한 데 근거를 하였다.

---

1) ①향로봉~**설악산**~한계령. ②한계령~**점봉산**~구룡령. ③구룡령~**오대산**~대관령. ④대관령~**청옥산, 두타산**~피재. ⑤피재~**태백산**~도래기재. ⑥도래기재~**소백산**~저수령. ⑦저수령~**월악산, 속리산**~회령재. ⑧회령재~**황악산, 삼도봉**~덕산재. ⑨덕산재~**덕유산**~여원재. ⑩ 여원재~**지리산**~천왕봉

목차

1부 설악산

- 19 마산봉
- 19 대간령(大間嶺)
- 20 미시령(彌矢嶺)
- 20 황철봉
- 21 저항령
- 21 설악 산소생태길
- 22 마등령
- 22 비선대
- 23 천불동 계곡
- 25 설악 소청봉 산장에서
- 26 산정(山頂)
- 27 한계령 8부 능선에서

2부 점봉산

점봉산　31
단목령　31
낙엽이 길을 덮다　32
조침령　32
진드기를 만나다　32
갈전곡봉에서　33
구룡령　33

3부 오대산

약수산　37
응복산　37
두로봉　38
동대산　38
진고개　39
노인봉에서　39

40 소황병산 지나 물길에 닿다
40 매봉을 만나다
40 곤신봉 지나
41 선자령에서
41 대관령에서

4부 청옥산, 두타산

45 대관령 표지석 앞에서
45 능경봉
46 고루포기산
47 닭목재
47 화란봉
48 석두봉
48 삽달령
49 석병산
49 기뱅이재에서
50 생계령을 넘다

원방재에서 50
갈미봉 안다 51
고적대 51
연칠성령 정상에서 52
청옥산 52
두타산 53
목통령에서 댓재를 향하다 54
황장산 54
광동댐 이주 단지 55
건의령 55
피재 55

5부 태백산

매봉산 입구 59
매봉산 59
금대봉 60
은대봉 61

61 샘물
62 만항재에서 화방재 닿다
63 태백산
64 깃대기 봉
64 곰넘이재
65 도래기재

6부 소백산

69 서벽 간다
69 박달령
70 선달산
70 마구령
71 고치령
72 소백산 비로봉에서
73 연화봉
73 죽령
74 도솔봉

투구봉   74
저수재   75

7부 월악산, 속리산

벌재   79
황장산   79
대미산   80
포함산   80
하늘재   81
부봉   82
조령(鳥嶺)   83
조령산   83
이화령   84
백화산   84
이만봉   85
희양산 아래 여궁혈지(女宮血址)에서   86
구왕봉   88

90 서낭당
90 버리기미재에서
91 곰넘이봉
91 대야산
92 고모샘
93 고모산성
94 갓바위재에서
95 견훤의 궁터 -궁기리 가서
96 늘재
97 밤티재 코 앞서 길을 잃다
98 문장대 드는 길
99 문장대
100 신선대
101 속리산의 형제봉을 향하다
102 비재를 찾아서
103 봉황산

8부 황학산, 삼도봉

윤지미산　107
지기재　108
윗왕실재　108
개터재　109
추풍령 지나　109
궤방령　110
황학산(黃鶴山)　111
바람재　111
화주봉　112
삼도봉　112
산길에서 1박　113

9부 덕유산

117　대덕산
117　삼봉산
118　신풍령
118　갈미봉 지나 귀봉
119　삿갓골재대피소
119　장수덕유산
120　육십령 정상에서
120　백운산
121　매봉
122　복싱이재
123　고남산

10부 지리산

여원재　127
노치샘　128
큰고리봉　128
성삼재　129
노고단　129
뱀사골　130
연하천 산장　130
벽소령　131
선비샘　132
영신봉　133
세석산장에서　134
장터목산장　135
천왕봉, 그리고 중산리　137

|산문|
백두대간(白頭大幹)의 튼실한 생태복원을 꿈꾸며　139

백두대간2) 남한구간 전도

2) 나는 백두대간(남한부분) 남진 단독구간종주를 위해, 등산스틱 없이 약 30kg의 육중한 배낭을 메고, 2003년 10월 18일(금) 강원도 인제군 북면(北面)과 고성군 간성(杆城)읍을 잇는 태백산맥의 고개인 진부령에서 시작해서, 2013년 10월 5일(토) 경상남도 산청군 시천(矢川)면과 함양군 마천(馬川)면의 경계에 솟은 지리산 최고봉 천왕봉까지의, 전 구간을 마무리 했다.

총 35회에 걸쳐 전체 50일 정도 예상되는 생(生)의 의미 깊은 산행이었다. 지도상 거리는 684킬로미터 정도가 된다지만, 실제거리는 대략 1천 400킬로미터 정도라고 한다.

앞의 백두대간 지도는 NAVER PHOTO VIEWER의 자료이다.

1부 설악산

마산봉3)

금강산 비로봉 가는 들머리가 진부령4) 길
아슴히 향로봉5) 너머 가시덤불 네 철책선
골수엔
분단민족사
핏빛 씹던 마산봉.

대간령(大間嶺)

병풍암(屛風岩) 봉(峰)을 넘자 산악지형 너덜겅이
먼발치 놀빛 운해 촉각세운 구름 눈썹
그 옛적 소로(小路)로 남은 묵은 정취 새이령.

---

3) 높이 1,052m. 산세가 말 형상으로 마산(馬山)이라는 이름을 얻 게 된 것이다. 마산봉(馬山峰)으로 불리기도 한다. 남한 부분 북 단 백두대간으로서는, 진부령, 마산봉, 신선봉, 미시령으로 남진 하는 이름 있는 등산코스이다. 쾌청한 날에는 이곳에서 진부령 을 비롯 향로봉과 비로봉, 금강산 일부분까지 확보된다. 진부령 에서 마산으로 향하는 산기슭에 알프스 스키장(우리나라 최초 의 스키장)이 있다.
4) ① 진부령~미시령 : 2003년 10월 18일 백두대간 구간 종주 첫 산행을 하였으나 실패 했다. 마무리 산행은 2012년 11월 3일 (10:50)~11월 4일(02:00), 무박 산행이었다.
5) 높이 1,296m. 태백산맥 북부 산 중의 하나이다.

미시령(彌矢嶺)6)

눈 흘겨 울산 괴봉(怪峰) 흘려드는 도적폭포7)
숲 울울(鬱鬱) 계곡 급류엔 열목어만 열을 풀까.
금강산 만물상 고개 미시령서 엿본단다.

황철봉8)

자철이 몸속에 낀 황철 북봉(北峯) 너덜사태
금속음 떠는 종석(鐘石) 부딪자 신(神)의 맥동
우뚝이 눈 의심케 한 설악동의 파노라마.

---

6) 높이 826m. 한계령과 더불어 내 외설악을 가르는 고개이다. 옛날부터 진부령, 대간령, 대관령 등과 함께 태백산맥을 넘는 주요 교통로였다고 한다.
② 미시령~비선대 : 2003년 10월 19일(08:00~19:00), 당일 산행이었다.
7) 옛날 도적떼가 많아 붙여진 이름. 속새(속초의 옛 이름)로 가는 장꾼, 소장수 등의 돈은 갈취하고 사람을 이 폭포에 빠뜨려 죽였다는 전설이 서려있는 곳이다.
8) 높이 1319m. 설악산 북주능선(北主稜線)에 있는 봉우리이다. 이 구간은 자철(磁鐵)이 많아 나침반의 기능이 제대로 듣지 않는다. 정규 탐방로로 지정되지 않아 산행 출입금지구역이다.

저항령[9]

저항령 비박 공터 퍼질러 쉰 대간(大幹)[10] 꾼들
예쯤서 와불 득도다 산신 모셔 내통한 기(氣)
먼발치 맹수의 울음 골짜기를 쩡쩡 울린다.

설악 산소생태길

타박터벅 산소생태길 공포체험 1박 2일
볕살만 산을 데운 양지 곁 아늑한 터
한 찰라 홀랑 오침 뒤 재촉하던 설악[11]의 길.

---

9) 높이 1100m. 설악산의 주능선인 북주능선에 있는 고개이다. 북쪽으로 향하면 마등령, 저항령, 황철봉, 미시령, 신선봉, 진부령으로 닿는다. 당초 명칭은 '늘으목' 또는 '늘목'('길게 늘어진 고개'라는 의미)에서 유래된 '늘목령'이라 불렸다고 한다. 한자로 장항령(獐項嶺)에서 저항령이 되었다는 것이다. 서쪽 방향으로는 백담사 방향이다.
10) 산경표에서, 산맥을 크기에 따라 세분화 시켜 등급으로 나누었을 때 가장 큰 단위를 말한다.
11) 설악산(雪嶽山)

마등령

요쯤서 이정표엔 나한봉12)과 비선대13)네
하늘길 공룡능선14)을 눈(雪)안개에 퇴각하고
위태한 봉(峯)들의 내공 산꾼 곁서 엿듣는다.

비선대15)

청옥빛 배인 소(沼)에 단풍 한창 어린 홍조
수직벽 조각 벽화 쌍뿔 내민 네 웅장함
들어날 천불동 속내 신선 난 데 비선대.

---

12) 설악산국립공원 외설악 지구에 펼쳐진, 공룡능선 내의 해발 1298m 봉우리이다.
13) 외설악 천불동계곡 들머리의 커다란 암반(巖盤). 와선대(臥仙臺) 위쪽으로 약 300m 거리에 있다.
14) 국가지정문화재 명승 제103호(2013.3.11.). 공룡릉(恐龍稜)이라고도 일컬린다. 마등령에서부터 희운각 대피소 앞 무너미 고개까지의 능선구간. 남북으로 외설악과 내설악으로 펼쳐진 능선, 용아장성 능선과 함께 설악산을 대표하는 암봉 능선이다. 연이은 봉들이 공룡의 등처럼 용솟음쳐 장쾌하다.
15) ③ 비선대~한계령 : 비선대에서 소청봉까지는 2003년 10월 25일(13:00~17:30), 소청봉에서 한계령까지는 2003년 10월 26일(09:30~16:00), 1박 산행이었다.

천불동 계곡16)

석벽엔 널린 뿌리 네 천불동 가을 단풍
곳곳에 전설가루 천상의 피사체다
봉긋이 공룡능선이 날을 세워 다투네.

곱다시 싸락 별빛 천당폭 오련폭포
피로도 쉬이 좇네 죽지 터는 비룡폭포
돌 틈쯤 문수 귀면암 독경소리 늘 잦다.

천개라 불상 조각 시중보살 합장 예불
네 가히 설악 중 최고 옥류의 노랫가락
속세를 뒤로 제킨 양 양폭17)의 틈새 기어 넘다.

---

16) 설악골 계곡이라고도 한다. 설악산의 대표적 계곡 중에 하나이다. 비선대(飛仙臺)에서 대청봉(大靑峰)으로 향하는 중간 계곡 지점으로, 설악 중에 의미 있는 산악미를 맛볼 수 있는 곳이다. 절정의 가을 단풍은 미의 극치를 이루게 한다. 와선대(臥仙臺), 비선대(飛仙臺), 귀면암(鬼面岩), 오련폭포(五連瀑布), 양폭(陽瀑), 천당폭포(天堂瀑布) 등 빼어난 경관들이 계곡을 형성한다. 천불동은 천불폭포에서 따온 것이다. 계곡 일대가 마치 '천불'의 기이한 경관을 보여주는 듯한 곳이다.
17) 양폭포(陽瀑布)

앙상블 미지의 노래 살기 등등 죽음의 계곡
미물들 하 동안거로 금줄 쳐진 터부의 땅
태산은 준령 위의 탑 성불에 든 대청봉[18].

---

18) 높이 1,707.9m. 태백산맥에서 가장 높고, 남한에서는 한라산 (1,950m), 지리산(1,915m)에 이어 세 번째로 높다. 봉우리가 푸르게 보인다는 데에서 유래되었다는 설이 있다. 설악산의 주요 능선의 출발점이다. 인근에 중청봉·소청봉이 있다.

설악 소청봉 산장에서

가쁜 숨 양폭19)을 돌고
어둑살 디뎌 소청봉 산장,

몸 얼추 황태의 꼴
길 닦은 끝에 얼어터진 삼경20)이다.

턱 앞에 대잡는 눈발
질딩한 몸 후려친다.

영혼(靈魂)도 달랠 적멸보궁
쏙 목 빼 봉정암21) 본다.

---

19) 양폭포(陽瀑布). 설악산소공원, 와선대, 비선대, 귀면암, 오련폭포, 양폭포에 이르는 양폭코스는 6.5㎞, 편도 약 2시간 50분이 걸린다. 양폭대피소에서 30m 위쪽의 골짜기 왼쪽에 빤한 양폭포, 오른쪽으로 숨겨진 곳에 음폭포(陰瀑布)가 있다.
20) 새벽 1시부터 새벽 4시까지를 말한다.
21) 설악산 소청봉에서 뵈는, 백담사(百潭寺)의 부속암자이다. 신라시대 자장(慈藏)이 643년(선덕여왕 12)에 당나라에서 부처님의 진신사리(眞身舍利)를 가지고 와 봉안하여 창건한 5대 적멸보궁(五大寂滅寶宮) 중의 하나이다.

엎어져 기절해 떨자
살을 지핀 혼불이 솟고

더러는 문 너머의 길에
촉수 세워 비는 날.

면면이 기별을 놓아
꿰뚫어 본 군둥내 인연,

이승 디딘 구간구간엔
생의 덤으로 엮은 끈들 있다.

해빙엔 꽃피어 화답 할
마루금의 철쭉군.

산정(山頂)

네 암릉 알통 근력 얼얼한 산정 가풀다.
삭풍은 예리한 칼날 폭설 동반한 격한 음계
산경표 비책의 경전 퇴로(退路) 뚫던 설악봉.

한계령 8부 능선에서[22]

영(嶺)넘자 동해의 내공(內空)
왈칵 혼을 쏟아 붓네

제 맵시 뽐낸 한계령[23]
기를 펄펄 날려쌓는

턱 스쳐 날랜 한풍이
가쁜 춤을 춰댄다.

---

22) ④ 한계령~조침령 : 한계령에서 단목령까지는 2003년 11월 15일(아침 때 지나 - 16:00), 단목령에서 조침령까지는 2003년 11월 16일(10:00~14:00), 1박 산행이었다.
23) 높이 1,004m. 설악산국립공원에 속하는 영동, 영서 지역의 분수령인 고개, 인제~양양 간 국도가 통한다. 동해안과 내륙을 잇는 주요 교통로이다.

2부 점봉산

점봉산24)

우람한 모성의 품 한량없이 데운 온정
포실한 눈(雪) 가당찮네 오름 구간 설산화원
점봉산 이름값 뜬다 발목 빠져 진퇴양란.

멀찍이 망대암산 동쪽 비탈 급경사네
주전골25) 널린 흰 암반 얼음장 밑 굴린 물길.
용솟음 오색약수(五色藥水)네 백암천도 들끓고

단목령

목축인 약수물맛 산 훑는 약초꾼들
소구간(小區間) 끝도 삼삼 예쯤서 덕담이네
터다져 영판 반질해 명당 따로 없다네.

영(嶺)마루 어둠 짙어 여장 풀던 오밤중에
성깔도 여간 아니네 겹게 목쉰 그 칼바람
해 솟자 사뭇 능청을 더러 예리 했느냐.

---
24) 높이 1,424m이다. 남설악의 중심이 되는 산이다.
25) 오색약수터(설악산국립공원 남방에 위치함)에서 선녀탕을 지나 점봉산(1,424m) 서쪽 비탈 쪽의 계곡을 일컫는다.

낙엽이 길을 덮다

초겨울 무릎엔 낙엽 갈 길 해맬 시야를 덮다
아름아름 발끝 예감에 용케 빠져 가 보잔다
가붓이 열린 감각이 예전에 본 낯빛처럼.

조침령26)

잽싼 새 된통 겨워 조침령서 둥지 트는
옛 정취 고갯마루에 사박눈이 밟히는데
발아래 서림27) 하산 길 눈앞 시야 훤하다.

진드기를 만나다

무더위 습한 숲속 다량 출몰 흡혈진드기
주둥이 피부에 박고 피를 빠는 성충벌레
공포의 역갈 고리가 내 살을 파댄 무기네.

---

26) ⑤ 조침령~구룡령 : 조침령에서 갈전곡봉 지나 1시간까지는 2004년 5월 11일(07:00~21:00), 갈전곡봉 지나 1시간에서 구룡령까지는 2004년 5월 12일(아침 1시간 소요), 1박 산행이었다.
27) 조침령 상부에서 서림삼거리까지 하산 길이 나 있다.

갈전곡봉에서

투구 꽃 금강초롱 한해살이 물봉선화
삼삼히 눈에 어린 앓고 넘은 봉우리들
구룡령 아렴풋 옛길 겹겹태산 원시림.

골 깊어 소양강(昭陽江)물 아등바등 발원한다.
산자락 널린 약수 난치병엔 효험 으뜸
동삼(冬三)28)내 연일 폭설 땐 동동대던 휘파람.

구룡령29)

영남엔 문경세재 구룡령은 영동의 관문
굽이돈 구룡(九龍) 덕에 동서 잇는 비단 길이다
대간의 허리 요충지 봄물 쏟아 갈천약수.

---

28) 음력 10월, 11월, 12월 즉 겨울철의 3개월을 의미한다.
29) 고개가 가파르고 험하다. 용이 하늘로 구불구불 기어오르는 모습과 같다고 하여 붙여진 이름이라고 한다.
　⑥ 구룡령~진고개 : 구룡령에서 응복산까지는 2004년 7월 25일(16:30-20:15), 응복산에서 진고개까지는 2004년 7월 26일(06:00~오후 늦은 시각), 1박 산행이었다.

3부 오대산

약수산

산 남쪽 약소골짝 으르렁대는 희기 맹수
쏠쏠하게 내뿜는 향기 넘쳐 뚫린 약수 젖줄
미천골30) 자연휴양림 보물석탑 석등부도

응복산31)

남대천 최상류가 발그레 합장한데
양양(襄陽)32)을 다스린 물길 토속어류 득실득실
딱 엎쳐 억실억실해 썩 띈 눈빛 매복산.

---

30) 미천골(米川谷). 강원도 양양군의 선림원(禪林院)이 번성할 때, 계곡이 하류까지 한 끼 쌀 씻은 물 같았다고 해서 지어진 이름이라 한다.
31) 높이 1,360m이다. 설악산과 오대산을 잇는 중간 지점에 있는 산이다.
32) 강원도 송어와 연어의 고장.

두로봉

동사면(東斜面) 흘러 연곡천
홍천강은 서사면(西斜面)서

첫발 뗀 한강의 맥상(脈象)
푄현상33) 닮은 그곳

시야 끝 계방·오대산
기개(氣槪) 우뚝 솟구쳐.

동대산34)

차돌암 살포시 넘자 먹장 눈물 왈칵 쏟네.
도롱옷 걸친 몰골 동대산도 가뭇한데
설치다 한 눈 까딱 팔아 오대산에 닿으라.

---

33) 초여름 영서 지방에 나타나는 높새바람.
34) 높이 1,434m. 오대산을 이루는 다섯 봉우리 중의 하나이다.

진고개35)

동대산 기를 흘려 노인봉에 뻗는 북새36)
네 또한 예리한 눈빛 심장 팔딱 뛰어놀고
비 끝에 땅이 뻘구덕 진고개란 이름 석 자.

노인봉에서

기묘한 화강암릉 노인봉서 백마봉37)에
그 산하 소금강이 태곳적부터 태를 묻어
구룡폭, 홀린 무릉계 붙박이로 앉혔네.

노인봉 산장 스쳐 청학동 골짜기쯤에
소(沼)와 담(潭) 층암절벽 산세 팔아 깎인 비경
줄줄이 음각 명소가 입소문도 보태네.

---

35) ⑦ 진고개~대관령 : 진고개에서 소청봉산장까지는 2004년 7월 29일(오후1시간 40분소요), 소청봉산장에서 대관령까지는 2004년 7월 30일(06:00~13:00), 1박 산행이었다.
36) 예쁘게 하늘을 붉게 물 드린 모습.
37) 백마능선이 펼쳐져있는 곳이다. 바위 능선길이 멀리서 보면 흰 빛깔을 띠어 장관이다.

소황병산 지나 물길에 닿다

열기(熱氣)에 홀랑 젖네 기승떠는 폭염이다.
소황병산 살포시 너머 소폭(小瀑)에 몸을 씻다.
학소대 넘친 물줄기 신의 은총 내린 곳.

매봉을 만나다

확 트인 초원지대 새끼 밴 어미 고라니
헤쳐 갈 망망 대초원, 나는 길 잃어 되돌리네
독 오른 살모사 한 마리 혀를 널름 거린다.

곤신봉 지나

구(舊) 대간 닮은 길이 잊힌 지가 오랜 갑네
목마름 수척한 몰골 타박다박 온종일 행군
아릿한 옛 종주 코스 빛바랜 남루 새긴 날.

선자령에서

보현사 묻는 행인 풀숲에서 반가웠네
인적이 도통 뜸해 정담 트고 홀딱 다 홀려
선자령 옛 길 훑다가 한 짐 피로 풀던 곳

대관령38)에서

누대로 흥한 영화(榮華)
벌목 당해 쇠락했네

물줄기 뻗친 예서
홀랑 맡겨 마음도 씻고

대관령 훼손된 산하
층층 복원 빌었네.

---

38) ⑧ 대관령~백봉령 : 대관령에서 닭목재까지는 2004년 9월 29일(09:00~15:30), 닭목재에서 석병산 지나 산922까지는 2004년 9월 30일(08:30~20:00), 석병산 지나 산922에서 백봉령까지는 2004년 10월 1일(06:00~총4시간 소요), 2박 산행이었다.

4부 청옥산, 두타산

대관령 표지석 앞에서

대관령39) 표지석이 면사포에 홀랑 덮여
전방엔 안개 인생 헤칠 궁리 거듭하다
제왕산 더듬는 길목 마음 접질릴 뻔 한 걸

능경봉

능경봉 평창의 명산 바람 들썩 휘몰아쳐
가물아물 동해 귀띔 속을 훤히 던진 눈길
혼불이 조을다 깨면 거리감도 깜박 살아

---

39) 높이 832m. 고개는 13km, 고개 굽이는 99개소, 서울과 영동을 통하는 태백산맥의 관문이다.

고루포기산

네 명산 천상의 화원 뛰고 날뛴 풍물놀이
조망가린 등산로다 잔망스레 갈팡질팡
낯선 땅 전망대 닿아 휘둘러본 화려강산

황산 고루포기쉼터
시(詩)적 배경 진 초록빛
닭목재 사뿐 하산 하네
가는 등을 다독이데
맹추위 눈발 지천인 날
막힌 시야 트인다네.

닭목재40)

산신각 엉거주춤 경배 끝에 던진 등짐
산행 길 내일을 기약 자리 터를 깔고 눕네
금계(金鷄)의 목덜미쯤서 반쪽 달이 꿰비친 날.

화란봉

부챗살 펼친 화관(花冠)41) 에둘러 싼 형국이다
화란봉 하늘 전망대 시리게 뻥 뚫린 허공
막막한 정상의 고봉(高峯) 네 품속 고위평탄면.

---

40) 계항치(鷄項峙)라고도 한다. 고개의 모양이 닭목처럼 보인다고 해서 붙여진 이름이다.
41) 식물의 꽃을 구성하는 요소로 꽃부리라고도 한다.

석두봉

하늘과 비단길 구간 맞닿아 조화롭다
암반을 타고 내려 가르쟁이42) 간 네 메아리
장대(壯大)한 앞이 들뜨네 비경 한결 설레네.

삽달령

삽달령43) 삼지창이 산행꾼들 발목 잡아
네 능선 오두막걸리집 산세 짚자 점괘 돌아
밀담에 식수 공급처 걸쭉한 게 따로 없다.

---

42) 인근 하산 탈출구 아래의 지명이다.
43) 산 정상의 생김새가 3가닥, 즉 삼지창 형상이라서 붙여진 이름 이라고 한다.

석병산44)

설핏 두리두리봉 산 몸통이 돌무데기
죽지엔 절벽폭포 쏟는 위용 들떠있다
몇 병풍 따로 챙긴 듯 곧추세운 석각들.

기뱅이재에서

곤죽의 깜깜 산행 기뱅이재 너른 공터
꼴까닥 잠에 말려 10여 분간 곤한 뒤끝
왔던 길 되 치받아간 험한 실수 통했다.

석병산 돌린 발길 나침반이 헤아려 줘
서녘 쪽 동해의 불빛 갈길 따로 헷갈리던
길섶에 텐트를 펴고 옹골진 바람 등졌다.

---

44) 높이 1,055m. 강원도 정선군 임계면과 강릉시 옥계면에 걸쳐 솟아있는 산이다. 이곳에서 흘러내린 계곡물은 절벽에서 폭포수가 되어 우렁차다. 큰 소리가 소(沼)에서부터 울려 퍼진다 하여 울소골(鳴沼洞)이라는 곳도 있다.

생계령을 넘다

민가는 바쁜 손짓 길은 질펀 지겹다네
백봉령 뜬 눈 앞에 새하얗게 길은 멀고
처절한 환경파괴로 볼썽사나운 산의 지맥.

자병산 이빨 아려 어제오늘 아닌 갑네
파헤친 뉘 묘기(墓基)가 도굴처럼 허망해서
기력도 쇠잔해가던 뉘 모습 아련타네.

원방재에서

백봉령45) 건안하세 살방살방 신령 찾는다.
팔딱 숨 1022고지 헐레벌떡 가쁜데도
원방재 갈림길쯤에 임도 한결 빤하다.

---

45) ⑨ 백봉령~댓재 : 백봉령에서 연칠성령까지는 2004년 11월 24일(05:00~15:30), 연칠성령에서 댓재까지는 2004년 11월 25일(08:00~15:00), 1박 산행이었다.

갈미봉 안다

조망이 확실한 곳쯤 상월산 감동바위
팔팔한 생기 넘쳐도 오르내림 수월찮아
1260m 우뚝한 산정46)도 봉(峰)이라는 뜻글자.

고적대47)

고적대 오감만족 골속에 울려 닿다.
벼랑길 아차 실수면 까딱 털릴 생명 줄을
내 조국 태백 해안산맥이 휑한 눈앞 달랜다.

---

46) 산정(山頂)
47) 고적산(高積山). 높이 1,354m. 인근에 수병산(樹兵山 : 1,202 m), 중봉산(中峰山 : 1,284 m), 청옥산(靑玉山 : 1,404 m) 등이 솟아 있다. 이들 산은 영동과 영서 지방의 분수령을 이룬다.

연칠성령 정상에서

돌탑 앞 연칠성령 텐트를 올려친다.
너덜겅 고적대길 예쯤서 골라 쉬어
휘영청 고라니 울음 귀살푸시 들앉네.

청옥산48)

청옥산 꼭두새벽 안개 서린 옹달샘아
발아래 무릉도원 옛 정취 웅장한 절경
옥(玉)빛이 어려 괸 눈물 차마 못 잊힐 물맛을.

---

48) 고적대(1,354m)와 청옥산(1,404m)과 두타산(1,353m) 사이에 형성된 이른바 무릉계곡은 학소대, 관음사, 삼화사, 무릉반석, 금란정, 호암소 등 관광자원이 풍부한 곳이다.

두타산[49]

동해가 지척지간
두타산서 합장 잦데

쉰움산[50] 오십정(五十井)이
맵시를 빛낸다네

섬직한 암릉에 서야
속세 번뇌 지운다나.

---

[49] 누워 있는 부처 형상이다. 정상 부근에 신라시대의 장군 실죽이 백제군을 막기 위해 쌓았다고 하는 석성이 있다. 부근에는 황금색 갈대밭이 장관이다. 산성의 둘레는 약 1km 정도라고 한다. 성터에는 검게 변한 돌무더기가 널려 있고, 안에는 두 개의 우물터가 있다.

[50] 오십정산이라고도 한다. 무속의 성지로도 잘 알려져 있다. 삼척의 명산 두타산(頭陀山:1,353m)의 북동쪽 3km 지점에 있으며, 높이는 688m이다. 천 길 벼랑의 전경과 빽빽한 소나무 숲, 곳곳에 널린 너럭바위 등이 안성맞춤이다. 산 아래에는 신라 경덕왕 때 창건한 고찰 천은사(天恩寺:사적 441)가 있다. 쉰움산 삼각점 왼쪽 바위 표면에 둥글게 팬 크고 작은 우물들이 장관을 이룬다. 술잔이나 막사발만 한 것들까지 지천으로 깔려 휘황하다.

목통령에서 댓재51)를 향하다

눈발로 백발산세 포근히 덮고 있고
지척도 험한 산길 깔딱꼴딱 한창인데
땅거미 노루 꼬리만 해서 겹게 넘던 중턱마루.

황장산

놓였던 막차 버스 기를 쓰고 헤매온 길
줄줄이 1000m고지 산(▲) 표시 찍힌 지도(地圖)
황장산 1050m이름 산 꼬리표 달았네.

---

51) ⑩ 댓재~함백산 : 댓재에서 피재까지는 2005년 5월 12일
 (04:30~19:35), 피재에서 함백산까지는 2005년 5월 13일
 (07:15~16:00), 1박 산행이었다.

광동댐 이주 단지

예쯤서 길 끊겼네 인생 막장 허탈한 날
직감도 오답이네 안개 속 운세보기
궁리 끝 예감이 적중 수야먼당52) 시그널.

건의령

피재서 금장굴 가는 저승사자 닮은 산꾼
띵하니 정신이 몽롱 갈팡질팡 잃은 형국
넋 챙겨 닿은 건의령 끝자락이 감감하네.

피재

산세에 무중력으로 몸은 흠뻑 가랑비에 젖고
3시간 여 사투 끝에 눈앞 빤한 피재라네
산중턱 텐트를 치고 떨며 지새운 막영지.

---

52) 통영의 젊은 몇 산사나이들이 백두대간 북진종주를 하면서 달아 놓은 표지.

5부 태백산

매봉산 입구

길 끊겨 황당하네 경운기길 고랭지 밭
매봉산 어딘데요 허공쯤을 짚고 섰다가
일꾼들 빼곡한 식당 덕담 피운 한 끼 식사.

매봉산53)

도무지 끊인 텔레파시 예쯤이 천상인 듯
이승이 영판 안개꽃 흘려쌓는 숲의 비경
나침반 흘린 초서(抄書)다 헤매다가 속은 길.

---

53) 높이 1,303m. 서북쪽에 대덕산(大德山, 1,307m), 서남쪽에 함백산(咸白山, 1,573m), 동쪽에 육백산(六百山, 1,244m) 등이 솟아 어깨를 겨눈다. 산정 부근의 북쪽 사면은 1,000m 정도로서 고위평탄면을 이룬다. 이곳까지 도로가 나 있으며, 대규모 고랭지 채소밭이 형성된 곳이다. 태백의 강풍을 이용하여 대규모 풍력 발전단지가 자리하고 있다.

금대봉

헤치자 이무기[54]의 갈퀴 물구녕은 석간수네
예터굼의 솟는 굴(窟)물 은근슬쩍 지하로 배어
검룡소[55]
방긋이 웃네
야생화군락 절정이네.

예쯤이 한강발원지 514km의 그 시발점
금대봉 봉긋한 기(氣)는 어르고 새긴 꽃길
화사한 두문동재[56]가
눈짓하며 홀린다.

---

54) 이무기는 천 년을 다스려야만 용으로 승천할 수 있다는 설화의 대상이다.
55) 검룡소(儉龍沼)의 이름은 물이 솟아 나오는 굴속에 검룡이 살고 있다 해서 붙여졌다.
56) 높이 1268m. 우리나라에서 국도가 지나가는 고갯길 중 가장 높은 재이다. 평택과 동해를 잇는 38번 국도구간이다. 두문동재~금대봉은 봄, 여름, 가을철엔 야생화 천국이다. 야생화 트래킹으로 으뜸인 곳이다.

은대봉57)

만산에 촉 틔운 싹은 겨우내 버겁던 목숨
눈자위 졸음이 덮쳐 깜박 잠에 취한 것들
웅웅앵 벌 나비의 날갯짓 당절 맞아 분빈다.

산나물 한창 캐다가 산새마냥 흥겨운 아낙들
산마늘 목을 축이며 은대봉을 찾으란다
이쯤엔 자작나무숲 상함백산 명당 터.

샘물

숲그늘 자작나무 누대(累代)로 솟는 용솟음
여기가 네 생명점 어미젖을 먹인 날들
약초꾼 어울린 동행 함백산58)에 닿았네.

---

57) 높이 1,442m. 정암사(강원도 정선군 고한읍 함백산로 1410)를 세울 때 조성된 금탑, 은탑에서 금대봉(金臺峰)과 은대봉이라는 이름이 유래되었다고 한다. 금대봉과 이어지는 두문동재(혹은 싸리재-1,268m)에서 은대봉 정상까지는 1㎞ 정도이다.
58) ⑪ 함백산~도래기재 : 함백산에서 신선봉까지는 2005년 6월 25일(03:00~17:00), 신선봉에서 도래기재까지는 2005년 6월 26일(06:00~14:00), 1박 산행이었다.

만항재59)에서 화방재60) 닿다

만항재 닿은 일이 모진 인생의 여정이라
배낭에 까부라져 고갯길 수월찮네
화방재 간이슈퍼가 목을 축일 식수공급처.

---

59) 높이 1,330m. 태백과 정선 그리고 영월이 만나는 함백산 자락에 위치해 있다. 한국 최대 규모의 야생화 군락지로 소개된다. 쭉쭉 뻗은 소나무 숲길이 조성되어 운치를 더한다.
60) 높이 936m. 화방재는 '일본 식물학자였던 나카이 다케노신(中井猛之進)이 조선총독부 초대 공사였던 하나부사 요시타다(花房義質)의 이름을 차용, 개칭'한 것으로 전해지고 있다.
강원도 태백시는 일본식 고개이름인 태백산 '화방재(花房嶺)'를 '어평재(御坪峙)'란 이름으로 바꾸기로 했다고 한다. 이곳은 500여 년 전부터 '어평재'라고 불려 왔다.

태백산61)

오르막 등짐 덕에 환호성을 터뜨리다
천왕단 신라 북악 무녀62)가 제의(祭儀)를 행한 곳
당절날 수그린 4배(拜) 예절대로 했었네.

네 신산(神山) 성무와 수련63)에 넋을 깜빡 길에 놓아
문수봉 가는 팻말 마음 덕을 쌓은 탓에
용한 터 확 트인 전망 천만 다행 부소봉.

---

61) 태백산(太白山). 높이 1,566.7m. 북쪽에 함백산(咸白山, 1,573m), 서쪽에 장산(壯山, 1,409m), 남서쪽에 구운산(九雲山, 1,346m), 동남쪽에 청옥산(靑玉山, 1,277m), 동쪽에 연화봉(蓮花峰, 1,053m) 등 1,000m가 넘는 고봉들로 둘러싸여 있다. 낙동강의 발원지이다.
태백산 정상에는 옛날부터 하늘에 제사를 지내던 천제단(天祭壇)이 있어 매년 개천절에 태백제인 천제를 지낸다.
62) 북악(北岳) 무녀(巫女)
63) 성무(成巫)와 수련(修鍊)

깃대기 봉64)

요행이 굴곡 없는 숲길
목숨 다한 아름드리 고목들

소금이 약이란 말
태곳적 솔깃한 그날

희한한 두리봉인가
마음 위치 다잡네.

곰넘이재

신선봉 코앞 30분 속세의 짐에 눌려
포갠 잠 코골이다 곰짐승도 얼씬 않고
웅수동(熊水洞)
물맛 기차네
넘는 발길 도왔네.

---

64) 높이 1371m.

도래기재

서벽리 우구치리(宇龜峙里)[65] 틈새의 도래기재
이 고개를 산(山) 날짐승 살포시 넘자 김삿갓면
한양 갈 물길 모은 곳 춘향 면은 발아래.

---

[65] 강원도와 경상도의 경계에 있다. 경상북도 봉화군 춘양면에 있는 리(里) 이다. 골짜기 모양이 소의 입 모양 같다고 해서 붙여진 이름이다. 우구치리 금정광산엔 송아지만한 금이 묻혀 있다는 설이 전한다.

6부 소백산

서벽 간다

춘향서 서벽66) 간다 움츠린 곳 도리기재67)
꼴값들 안 떨어도 촌놈인줄 뻔하다는 촌로
낯 설은 타향의 풍취 마음 창을 메우네.

박달령

산령각 토착신 앞 몸 편하게 들 누웠네
강원도 영월 땅과 봉화를 경계삼아
힘들게 길 닦은 보부상 무사 안녕 빌던 곳.

---

66) 경북 봉화군 춘양면 서벽리를 말한다. 소나무 중에 소나무인 금강송(금강소나무) 즉 춘향목의 자생지로 유명하다.
67) 도래기재는 경북 봉화군 춘양면 서벽리와 우구치리를 이어주는 고갯길이다.
　⑫ 도래기재~고치령 : 도래기재에서 박달령까지는 2005년 8월 26일(20:00~22:30), 박달령부터 고치령까지는 2005년 8월 27일(07:45~20:30), 1박 산행이었다.

선달산68)

안개가 산 덮었네 입은 옷 헤어졌네
아래엔 부석사 뜬 돌 들썩이며 열린 법석
김삿갓69) 혼백에 젖어 들어섰던 애틋함.

마구령

변변한 옛 경사 고개 헤갈 대던 논마지기 같아
황급히 의풍 계곡서 말을 휘몰아 고갤 넘던
부석장70) 민초들의 길 마구 넘던 마구령.

---

68) 선달산(仙達山), 높이 1,236m. 소백산맥에 속하는 산. 강원도 영월군 김삿갓면과 경상북도 봉화군 물야면 및 영주시 부석면에 걸쳐 있는 산이다. 신선이 노닐던 곳 또는 먼저 도달하기를 원한다는 뜻으로 풀이하기도 한다.
69) 김삿갓(1807~1863년)은 방랑시인으로서 이름은 병연(炳淵), 호는 난고(蘭皐)이다. 삿갓은 김립(金笠)이라는 가명을 사용한 데서 비롯되었다. 그의 이전한 묘는 강원도 영월군 하동면 와석리 노루목에 위치하고 있다.
70) 옛날 경상북도 영주시 부석면 소천리에서 열리던 장을 일컫는다. 주로 인삼, 사과, 채소, 농산물 등이 거래되었다. 충북 단양, 강원 영월 쪽의 민초들이 이곳의 장을 보기 위해 넘나들던 고개가 마구령이다.

고치령71)

마구령 구름밭을 넘어들자 헬기장터
태백의 끝자락쯤 소백산의 눈부신 영화(榮華)
고치령 단종의 한(恨) 공허함을 맛봤네.

---

71) ⑬ 고치령~죽령 : 고치령에서 소백산 아래 산불 감시초소까지는 2005년 10월 19일(08:00~오후), 소백산 아래 산불 감시초소에서 죽령까지는 2005년 10월 20일(오전~오후), 1박 산행이었다.

소백산 비로봉에서

대간이 불끈 돌기해
편편한 산장이것다.

묘한 기개(氣槪) 뇌를 휘돌아
콸콸 쏟은 억새 산판이고

이 저 꼴
내팽개치뿌고
깔깔대는 주목72) 군락

---

72) 주목(朱木)은 주목과의 상록 교목이다. '살아 천년 죽어 천년을 누린'다는 주목 군락지로 인해, 탐방객들의 시선을 사로잡기에 안성맞춤이다.

연화봉

갈림길 새로운 느낌 능선 따라 삐딱하고
예쯤서 바람무데기 동장군은 사람 잡는데
깔닥재 너머 근육질 연화봉이 가슴뼈다.

죽령73)

주막이 산꾼을 맞는 죽령 닿아 가뿐했다.
푸서리74) 헤쳐 대며 자청 했을 예전 장꾼들
다자구 산신 노파75)의 솔깃한 뒷이야기.

---

73) ⑭ 죽령~저수재 : 2006년 6월 3일(04:00~18:30), 당일 산행이었다.
74) 잡초가 무성하고 거친 땅을 말한다.
75) ≪죽령산신당신화≫와 관련된 기록은 『태종실록(太宗實錄)』(1424~1431)에 근거를 둔다. 옛적 죽령 일대의 산적을 물리쳤다고 전해진, 다자구 할머니를 신의 대상으로 삼고 있다. 산신제는 매년 음력 3월과 9월 두 차례 정기적으로, 충북 단양군 대강면 용부원리 죽령산신당에서 열리고 있다.

도솔봉76)

사동리로 내리 수그려
안내판이 뻔뻔하데

획하니 되돌아선
그날 운명 파리하데

묘적봉 상봉을 향해
무진 땀을 쏟았다.

투구봉

투구봉 막바지 구간 오름 산정 유별나다.
급경사 하도 가풀어 세상에 요런 장난을
시루봉 한 숨 꺾었네 방심 끝에 억장 길.

---

76) 높이 1,314.2m. 소백산국립공원 구역의 남쪽에 속해 있다. 소백산의 전망이 한 눈에 들어오는 곳이다. 자칫 잘못하면 충청북도 단양군 대강면 사동리로 들어선다.

저수재77)

명봉사 쳐진 길로 착각해서 내려앉다
한 바퀴 뱅글 돌아와선 문봉재로 찾아들다
뻔하다
요번 대간 길
예상 너머 거칠겠다.

---

77) ⑮ 저수재~하늘재 : 저수재에서 벌재까지는 2006년 7월 31일 (16:30~22:00), 벌재에서 대미산까지는 2006년 8월 1일(07:00 ~18:30), 대미산에서 하늘재까지는 2006년 8월 2일(06:00~오 후 도착), 2박 산행이었다.

7부 월악산, 속리산

벌재

꼴꼴대는 황정약수78) 도로변에 피를 쏟다
몸 마음도 벗고 씻고 요행히 수월한 찰라
벌재라 다독인 몰골 등을 돌리기 아쉬운 날.

황장산79)

배낭을 던져놓고 하소연들 새겨본다
점점이 되 지펴난 대간의 뻔질난 흔적
네 암릉 다스린 뒤에 벅찬 가슴 쓸어낸다.

---

78) 산행 날 벌재 아래쪽의 황정약수터에는 센 물줄기가 여간 아니었다. 한때 꽤 많은 길손들이 찾던 쉼터였으나, 백두대간 월악산 구간이 통제되면서 예전의 명성을 잃었다 한다.
79) 깊은 골짜기에 원시림이 잘 보존되어 있고, 황장재와 황장산 사이에 칼날처럼 뾰족한 암릉이 빼어나다. 대원군이 이 산의 황장목(나무)을 베어 경복궁을 지었다고도 전해진다.

대미산[80]

눈물샘 자잘한 물길
이름 몫을 하는 데다

그 숱한 대간꾼들
목축인 영험의 터

야밤중 멧돼지 떼가
걸쭉한 판 벌렸네.

포함산

특이한 산의 지형 유별난 네 표지석
대미산서 포함산까지 날파리떼 앞을 막데
배낭이 굴러 뚫던 길 하늘재로 향했다.

---

80) 높이 1,115m. 문경시에서 가장 높은, 이름만큼 아름다운 산이다. 정상은 억새밭이다. 시원한 조망이 가능하고, 부드러운 산세를 품을 수 있다.

하늘재[81]

북으로 남녘 기운 뻥 뚫은
하늘재 옛 고갯길

천상과 내통하듯
확 맞닿아 트인 풍광

남루한 누대(累代)의 사연
기록문이 넘친다.

현세와 내세가 갈린
고귀(高貴)한 길 신선의 경계

망국의 한을 품은
마이태자와 덕주공주가

이 고개 삼보 일 배로
금강산을 향했데.

---

81) ⑯ 하늘재~이화령 : 하늘재에서 조령까지는 2006년 10월 4일 (새벽 출발-저녁 늦게 도착), 조령에서 이화령까지는 2006년 10월 5일(09:00~13:30-배낭 없이), 1박 산행이었다.

부봉

마패봉 제처 두고 엉겁결에 부봉삼거리
6개 봉두(峰頭)들이 어깨 얽어 봉긋한데
3봉의 끊긴 밧줄 탓 아스라한 암벽타기

깐깐한 슬랩구간 오금저린 직벽 벼랑
암봉미 선명 극치 대자연이 알알이 박혀
인수봉[82] 암릉의 기개와 견줄 만도 하단다.

---

82) 인수봉은 서울의 진산으로 북한산에 있다. 해발 810m로서 백운대보다는 낮다. 하지만 돌출한 기상에서만큼은 북한산의 으뜸이다.

조령(鳥嶺)

말안장 문경새재 과거(過擧) 봇짐은 봇물 대듯
임진란 신립의 진터[83]는 이곳을 택해야했느니라.
날 짐승 넘기 겨운 령(嶺) 품에 아늑 안기다.

조령산

층층이 포개진 둘레 널린 밧줄 암벽타기
조령산[84]에 웅크려 앉자 옛 함성 귓전에 닿네
깃대봉 신선봉 거쳐 안부(鞍部)[85]들도 몇 있네.

---

83) 임진란 때 신립 장군이 전략적으로 지형이 험한 문경새재에서 적병을 막았다면 전란의 양상은 바뀌었을 것이라고 한다. 그는 충주 탄금대 앞에 배수의 진을 침으로 해서 조선 방어군을 전멸시키는 결과를 낳게 된다. 조령의 중요성을 외면한 결과이다.
84) 높이 1,017m. 전체적으로는 기암, 괴봉, 노송이 어울려 있다. 남쪽 백화산과의 경계에는 이화령이 있다. 능선 북쪽 마역봉과의 경계가 되는 옛날 문경새재에는 조령 제3관문(조령관)이 있으며, 관문 서편에는 조령산 자연휴양림이다. 해발 642m 제3관문은 영남지방과 중부지방이 연결되는, 교통의 요지 및 험준한 지세로 군사상의 요충지이기도 하였다.
85) 산 능선이 말안장 모양으로 되어 움푹 팬 부분

이화령86)

간간이 추락한다는 암벽 상부(上部) 살벌하다
아차차 미끌린 실수 이승문턱 훌쩍 넘었데
난코스 훈련 종쳐야 배꽃 만발 이화령.

백화산87)

입에 침 마르도록 문경읍의 명산 맞다
영풍면은 병풍흔타 다투다가 화해하는
소나무 잡목림 헤치자 절벽 우뚝 세운 공터.

---

86) ⑰ 이화령~지름티재 : 이화령에서 백화산까지는 2007년 9월 11일(06:00~저녁 늦게 도착), 백화산에서 지름티재까지는 2007년 9월 12일(오전~오후 태풍으로 하산), 1박 산행이었다.
87) 높이 1,063m. 충북 괴산군과 경북 문경시가 경계를 이룬다. 괴산군 중에 가장 높은 산이다. 이름의 유래는 겨울철 하얀 천을 씌운 듯한, 눈 덮인 산봉우리 덕이다.

이만봉

곰틀봉 곧장 넘자
이만봉이 마중한다.

충북 괴산 딛는 산행길
줄지 않는 더딘 보폭

이만봉
잡림 속 팻말
자리 터가 서글퍼.

희양산 아래 여궁혈지(女宮血址)에서[88]

다리품 이화령서 팔아
널뛰는 기상 희양산 묻다.

네 배꼽쯤 여궁혈지(女宮血址)엔
물올라 여문 홍안의 과실 농원,

하산한 봇물 되 터져
빤히 뒹굴 산문(山門) 곱다.

한 나절 씻어 부신 듯
콸콸 쏟는 삼경 근처

요량으론 끼 살은 정자나무
춤 한판 뒤 하리망당한 오금

마음눈 쾡하니 밝혀
휘모는 여울 달래는 날.

---

88) ⑱ 지름티재~장성봉 : 은티마을에서 구왕봉까지는 2007년 7월 20일(17:00~오후 늦게 도착). 구왕봉에서 장성봉까지는 2007년 7월 21일(새벽 출발~오후 늦게 도착), 1박 산행이었다.

구왕봉[89]

모 깎여 황당한 벼랑
까마귀께 전통(電通)을 열다.

말문을 턴 반짝 전망
안개 더미 가린 이마

불길한 예감만 문다
숙은 비탈 가파른 숨.

지름길 올곧은 인생
정상쯤 동그란 천공(天空)

갈림길 더러 나있다.
숲길 끝난 미로의 억새

길끼리 등을 다독여
손짓하던 표식(表式)이 답.

허방에 험한 길섶
깨우쳐 마음 비운 산.

가슴께 울린 네 장관
팔자로 꼬이던 하체

끝판에 혼신의 매미
부리 쫓던 딱따구리.

---

89) 높이 877m. 희양산(999m)에 못지않은 등산코스가 유명하다. 급경사와 암릉으로 소문 잦다. 산자락에 봉암사가 자리하고 있다. 신라 헌강왕 5년(879년)에 지증대사가 심충이라는 사람을 통해 자리를 정하고, '그 자리에 있던 큰 못을 메울 때 대사가 신통력을 이용하여 못에 살고 있던 용을 구룡봉으로 쫓았다'는 데서 유래되어 구왕봉이 생겨났다. 이 산의 정상에서 은티마을을 향해 깎아 세운 듯한 큰 낭떠러지가 일품이다. 높이도 꽤 높고 길이는 2~300m 정도나 된다고 한다.

서낭당

뺑 두른 울 막이 돌
제단 차려 빌은 치성
편편한 기단의 턱
꼬마 돌탑 터부의 장
오색 천 펄럭댄 금줄
서낭당의 주술들.

버리기미재에서

딱 오늘 하루만큼
산판 주인께 원(願)을 빌다

이승은 극락 노을
풀 뜯네 시름 턴 고라니

몸 마음
따로 아닌 산
떡 버터 의젓타.

곰넘이봉90)

맨 다리 뻗고 섰는 곰 자태 안 궁금하냐
합장한 불란치재 깜깜 홀려 그대로 산
옛 맹수 예가 안태본 통문(通門)91) 속에 들앉다.

대야산

당차다 기가 빡세다 마음 다독여 누린 정갈함
칠흑의 밤을 밝힌 네 우직한 성운(星雲)의 눈짓
헤맨 길 곰너이재다 매운 혼이 동튼다.

품안의 계곡 물소리 자애(慈愛)론 너의 자태
악산엔 맹수 놀이터 명당자리에 둥지를 튼데
대야산92) 희끗 북벽엔 먼 데 것 더러 환하다.

---

90) ⑲ 장성봉~갓바위재 : 2008년 8월 24일(05:00~18:00) 아래 저수지 도착, 당일 산행이었다.
91) 통문(通門)은 부처님 법이 막힘이 없이 고루고루 통한다는 의미이다.
92) 높이 931m. 속리산국립공원에 속해 있다. 충청북도 괴산군 청천면과 경상북도 문경시 가은읍에 걸쳐 있는 산으로 계곡이 아름답다. 경상북도 쪽에는 선유동계곡과 용추계곡이 충청북도 쪽으로 화양구곡이 있다.

고모샘93)

질 좋은 뿌리의 수액 심마니들 아우르네
고모치의 오목한 터 기근에도 기(氣)를 내놓는
석간수 용솟음 운치 심혈 모둔 옹달샘.

물은 곧 생명이다고 떡 버티어 지절을 새긴
우린 언제 저런 요량 터를, 깔고 덕을 나눌까
기갈(飢渴)이 여간 아닌 날 대간 꾼들 달랜다.

---

93) 경북 문경시 가은면 농암면 고모리에서 충북 괴산면 청천면 삼송리를 넘나들던 재를 고모령이라 한다.
    이 고모샘 석간수는 바로 재 아래 20m 지점에 있다. 예전 행인들과 심마니들이 먹었을 성 싶다. 요즘은 백두대간 산행객들에게 갈증을 해소하는 귀중한 장소이다.

고모산성

이끼 낀 푸른 세월
두른 벽에 발라두고

석성(石城)인 고모산성[94]
방벽(防壁) 덕에 왜구를 막다

위풍도 빡센 바위길
새길 만도 하던 것.

---

94) 총 길이 1,646m. 험준한 봉우리에 돌로 쌓은 성터, 즉 2세기 말에 축조된 것으로 추정 되는 방수처(防守處)가 복원되었다. 삼국(삼국시대)의 팽팽한 국력이 칼날을 세운 곳이다.
고려 태조가 이곳에서 길을 잃었는데 토끼가 벼랑길을 안내하였다는 전설이 있는 곳이기도 하다.
과거 보러 나섰던 선비들의 얽힌 애환도 전한다.
임진왜란 당시엔 산성의 규모만 보고 놀란 왜군이 성안은 텅 빈 줄도 모른 상황에서 진군을 주저했다는 일화도 있다. 구한말 의병대장 운강 이강년이 의병을 이끌어 왜병 수백 명을 사살한 곳이다.
6·25전쟁 때엔 적군과 아군의 격전지로도 알려진다.

갓바위재에서[95]

갈림길 먼 계곡물 소리
마음 설렌 유적의 터

속내를 드러내 놓고
산이 우뚝 자리하네

능선 길 밟고 가던 날
시(詩)가 절로 어우러진 날.

모진 게 사람 목숨
질긴 것이 산의 명줄

손가락 더듬는 곳
돌출한 뾰족 모서리

큰 인물 바위 산 밑에
온기(溫氣) 품고 살았데.

---

[95] ⑳ 갓바위재~밤티재 : 궁기리에서 갓바위재를 거쳐 밤티재까지는 2008년 10월 3일(07:00~13:00), 당일 산행이었다.

견훤의 궁터
-궁기리 가서

사철 물 흔타는 곳 가뭄 날에 궁기리가서
가을 계곡 산산한데 틈새를 곧장 올라
놋그릇 흥청한 산골 소문 잦던 터까지.

제각각 절터 얘기 이름만큼 무성한데
수천 년 바람 돌고 고라니 울음 잦던
옛 사적 떠는 종소리 그날 회상에 들앉다.

너네들 영역쯤에 문 두드린 나를 반겨
뜬 눈 요새 적멸 해탈 눈빛도 사려 깊네
궁수들 뺀질이 낸 길 오늘에사 접하네.

임립(林立)한 층암절벽 늘어진 용추계곡
말바위 이름 석 자 우뚝 솟은 명당 고지
용마의 걸음이 빠른가 화살 눈이 잽싸던가.

곧 바로 협곡 치면 용케 안긴 궁기리 자궁
고을의 능마 역사 옛터골 본궁(本宮)이다.
참깨가 도열해 섰는 고요 덮친 언저리

늘재

몸 뉘일 늘어진 재다
중턱쯤 배꼽 물줄기

죽을 고비 넘어섰다네
나직이 구름과 안개 내려앉네

악산에
위용 드셌다
턱에 닿아 가쁜 숨.

밤티재 코 앞서 길을 잃다

밤티재 얼추 30분 산행 종칠 때가 맞다.
네 탓 내 탓 채 미루기 전 잘못 든 길 한참 몸 끌다가
닿은 곳 백악산96)이다 백옥 암봉 백 개의 기암(奇巖)

지도를 가름하여 대방래골 바삐 든다.
물길은 삐쭉빼쭉 내쳐앉은 아랫마을
아찔한 된통 산행길 가을풍경에 마음 씻다.

광채(光彩)로 불살은 계절 썩 훤히 헹군 하늘
맞장구로 옳다 어룬다 베일 듯 날선 무지개
대들보 바위 틈새로 옥류천이 솟는 날.

---

96) 높이 857m. 충남 괴산군 청천면 사담리에 있다. 백 개의 봉우리로 이루어진, 자연미 그대로의 산이다.
　정상은 세 개의 유명바위로 기차바위, 의자바위, 개구리바위가 입에 올린다. '의자바위 밑에는 공간이 있어 10여명이 비를 피하기에 안성맞춤인 굴이 2층'으로 되어 있다.

문장대 드는 길[97]

고갯길 눈웃음이다 틈서리가 비좁은 행로
초행의 휑한 마루 하체가 후들 까불어
흙냄새 푸석한 날 별사태가 붐빈다.

좀처럼 알쏭달쏭 예서 도체 뭘 구하나
수행에 드는 동굴 두 귀가 연신 쫑긋
점치자 기막힌 쏠림 잃은 것을 얻은 날.

미물들 손 흔드네 터질듯 흐드러진 산중
해묵은 쪽문 모롱이 속세완 딴판이다.
자궁 속 뒹굴던 일과 다름없던 미로 속.

---

97) ㉑ 밤티재~비재 : 밤티재에서 속리산까지는 2009년 8월 2일 (14:30~22:00), 속리산에서 비재까지는 2009년 8월 3일(05:30~15:00), 1박 산행이었다.

문장대[98)

잠깐 휴식 끝에 조름이 엄습했다
산하(山河)를 더듬었네 긴 행군 눈부신 축제
예까지 마음 다스려 예사롭지 않았다.

휘감겨 몸부림치다 산화(散花)한 날들이며
여름 볕 얼추 참혹해 발톱 빠진 고난의 행군
장엄한 대간의 영혼 송골송골 맺힌다.

산 정상 쪼개 논 벼락 시원(始原)의 격동이네
네 풍파 거느린 형상 황혼 벌이 머쓱하고
편편한 무언(無言)의 자리 벽을 딛고 섰었네.

---

98) 속리산 문장대. 높이 1,054m. 경북 상주시 화북면 장암리의 법주사에서 동으로 약 6km에 위치하고 있다. 정상의 암석은 50여 명 정도 수용할 수 있는 석대로, 석천 즉 가뭄 때를 제외하고 늘 물이 고여 있는 곳으로 유명하다.

신선대

시야를 엄습하는 눈언저리 짙은 안개
오늘은 꿈길 반긴 날 아렴풋 내려와 앉는
한 시름 예서 털고서 잠시 깃을 접는다.

아픔도 아쉬움도 물러 앉아 적적하고
문장대 닿자 물소리 갈증 걷어 기운도 돌고
시각(時刻)을 다투는 낙조 재촉하는 산행길.

산속의 집은 절간 그 근처 계곡 물살
너들 마냥 신선이다 산중턱을 눈 아래 깔고
훤하니 지켜온 세월 평온 마냥 깔렸다.

속리산의 형제봉을 향하다

짬짬이 눌러 앉다가 바람 맞고 가는 이 길
기차다 혀를 내둘러 아렴풋 젖은 뒷길
희뿌연 어제의 흔적 더듬어보는 촉수들.

된 벼락 어느 위력 속살까지 불탄 흔적
초저녁 그대 면상(面相)은 달무리에 아련하고
세간의 탐욕도 접은 예가 바로 꽃밭이다.

산길은 곧 삶의 길 마음 여는 수행의 길
뇌리에 오색영롱함 연거푸 드러나고
혼불을 헹구어대는 한 무더기 바람결.

비재를 찾아서[99]

용머리 똬리를 튼
속 내막 선연한 물꼬

네 비탈 가팔라져
내리 꽂다 신명 푼 폭포.

세상사 어따 야문 놈
이 계곡에 발 담근다?

---

[99] ㉒ 비재~지기재 : 비재에서 화령재까지는 2009년 10월 2일 (18:30~밤 깊은 시각), 화령재에서 지기재까지는 2009년 10월 3일(06:20~밤 깊은 시각), 1박 산행이었다.

봉황산100)

풋풋한 산하의 나무들
미지(未知)를 향한 손짓

순결한 매무새로
차려 앉은 무언의 공간

산 정상 발목 잡힌 채
답이 없는 제 자리.

---

100) 높이 818m. 영주시 부석면과 봉화군 물야면의 경계에 있다. 산세가 봉황을 닮아 이름 지어졌다. 산 중턱에는 부석사(浮石寺)가 있으며, 무량수전은 국보 제18호로 한국에서 가장 오래된 목조건물이다.

8부 황학산, 삼도봉

윤지미산

능선은 부드러워도 고갯길만은 험하다네
견고히 확보해야만 한고풀 내려칠 수 있는
발걸음 줄곧 달래서 내키는 대로 두겠다.

올곧은 확신을 갖고 요령껏 다룬 이상향
바위길 이끼 심해 정신 붙들어도 뒤채인 곳
구릉도 예쯤에 와선 예사롭지 않은 것.

이 고비 어르자마자 저 비탈 또는 기슭이듯
작정하고 마음을 열자 살짝 비킨 완경사네
조망이 두루 놓여서 앙증맞은 이승 길.

지기재[101)

벌들은 죄다 몰입 주변 포도밭은 분주하다
산꽃향이 절정인 곳 꿈의 나래를 펴는 벌 나비
다람쥐 깜짝 눈망울 오도카니 놀란 찰라.

윗왕실재

백학산 백학(白鶴)은 갔다 왕실재서 옛적 안부 묻다.
산세가 왕궁을 빼닮아 지대(地帶)가 우람하네
차양(遮陽) 밑 폭염을 식힐 초여름 날 불볕더위.

솔바람 잡목 바람 죄다 불러 머물게 하고
조망도 암릉도 없는 빤빤한 산허리 껴안네
은근히 해 수그러들자 더위 한결 잡힌다.

---

101) ㉓ 지기재~큰재(우하재) : 2010년 6월 23일(13:30)~2010년
    6월 24일(02:30), 무박 산행이었다.

개터재102)

초행길 냅다 들어서니 속살대는 주홍빛 스민다.
눈감아도 빤히 안다 애틋한 이정표 석자.
한 삶이 너무 가쁠 때 끝이 매운 한 구간.

추풍령103) 지나104)

사념(邪念)이 몰려와서 옷깃을 끌어 잡는 날
산드는 곳 아리송하다 재 너머엔 불멸의 샛별
산짐승 늘 삐댄 데쯤 자리 터엔 곤한 잠.

---

102) 천지개벽 당시에 이 쪽으로 물길이 터졌다고 하여 붙여진 이름이라 한다. 상주시 공성면 효곡리와 봉산리를 연결하는 농로이다.
㉔ 큰재(우하재)~추풍령 : 2010년 7월 31일(05:40~오후 늦게 도착), 당일 산행이었다.
103) '경상도와 충청도가 갈리는 곳에 있다. 일본의 사신과 우리나라의 사신이 청주를 경유할 때에는, 반드시 이 곳을 지나감으로 관에서 접대하는 번거로움이 상주와 맞먹는, 실로 왕래의 요충'이라고 『신증동국여지승람』, 금산군 편) 한다.
104) ㉕ 추풍령~우두령 : 추풍령에서 궤방령까지는 2010년 10월 28일(11:50~밤 이른 시간), 궤방령에서 우두령까지는 2010년 10월 29일(새벽 출발~오후도착), 1박 산행이었다.

궤방령105)

꽃망울 몸 달았네 언제쯤 열매 영글까
적막을 덮는 이슬 목 축이는 자정(子正) 궤방령
목숨들 눈떠 따진 일 갈증해소 하는 것.

한없이 뻗은 구간 원정고난(遠征苦難) 자청했네
산은 제 몸 담금질 더불어 물길 다스린 것
험한 길 사투 끝에 일궈 눈웃음이 흥겹네.

---

105) 옛날에 벼슬아치와 과거장에 가던 선비들은 추풍령의 이름 탓에 괘방령을 택하면 급제길이 열린다 하여 즐겨 넘어 다녔다는 전설이 있다. 임진왜란 당시 박이룡이 의병을 일으켜 이 궤방령에다 방어진을 치고 왜적을 무찌르기도 한 곳이다.

황학산(黃鶴山)106)

두루미 학(鶴)인데요 긴 뿔 솟구친 악(嶽)이래요
비로봉 억새풀밭 한 시야가 훤하네요
황학산 웅장한 산세 해동 가람을 품었네.

바람재107)

잡목과 덤불 사이 황혼이 비집고 든다
나직이 조는 준봉들 구름을 베고 누었네
지난 밤 산행 문 열려 올찬 길이 드러났다.

---

106) 높이 1111m. 학(鶴)처럼 생긴 산세 때문에 황학산(黃鶴山)이라 이름 지어졌다. 황학은 전설속의 상서로운 새이다. 산 아래에 사명대사가 출가한 직지사가 아담하게 자리 잡고 있다. '직지(直旨)'는 아도화상이 금오산 산정에서 손가락으로 절터를 똑바로 가리켰다고 한데서 유래되었다고 한다.
107) 지형적으로 풍속이 빠른 바람이 곧잘 이는 곳이라 해서 이름 지어졌다고 한다.

화주봉[108]

늦여름 꽃이 진 무렵 홧홧 달은 석교산[109]이다.
운치를 틔운 삶들 발끝서 더듬는 날
언젠가 마음 벙글까 한창 열중 수도(修道)다.

삼도봉[110]

삼도(三道)가 겹쳐 있어 삼도봉이 독특한데
발끝에 챈 돌을 주워 삼도민이 돌탑을 쌓은
장꾼들 제풀에 절로 흥에 흠뻑 취한 곳.

---

108) ㉖ 우두령~덕산재 : 우두령에서 상도봉 지나 산1170까지는 2011년 7월 22일(13:50~23:00), 상도봉 지나 산1170에서 덕산재까지는 2011년 7월 23일(08:00~15:00), 1박 산행이었다.
109) 높이 1195m. 일명 화주봉으로 김천에 있다.
110) 높이 1176m. 경남, 충북, 전북의 경계를 이룬 산.

산길에서 1박

물벼락 쏟아 부어
화들짝 놀란 새벽

속절없이 한나절쯤
누긋이 묵을 예정

곤한 잠 볕이 쨍쨍해
꿈결 접고 서둘다.

9부 덕유산

대덕산111)

그 예전 산적이 설쳐 지그재그 갈겨놓은 길
널리 방을 붙여 투구봉이라 고(告)했다네
상도봉 달리 불리어 초점산이 되었다.

삼봉산

소사재 훌쩍 뛰어
일몰 후엔 출입금지라
눈치껏 들어선 곳
급경사로 화들짝 놀라
밧줄에 혼신을 맡겨
삼봉산에 안긴다.

---

111) 높이 1,290m. 남서쪽엔 삼봉산(三峰山:1,254m)과 덕유산(德裕山:1,508m), 북쪽엔 민주지산(岷周之山:1,242m) 등과 함께 있다. 산의 서쪽은 덕유산국립공원이, 남동쪽은 가야산국립공원이 인접한다.
㉗ 덕산재~신풍령 : 2011년 10월 25일(10:50~19:00), 당일 산행이었다.

신풍령112)

빼재라 일컫는 곳 골이 깊어 헤맸다네
꼬부랑 좁은 20리 길 어렵사리 덮은 폭설
네 명산 유별난다야 풍광 더불어 신풍령.

갈미봉 지나 귀봉

황당한 눈밭에서 오갈 데를 잃었다네
못봉113) 도도한 곳 눈바람에 섞은 오찬(午餐)
신풍령 하산한 오소리 네 맘 심히 알것다.

---

112) ㉘ 신풍령~삿갓골재대피소 : 2011년 11월 26일(11:00~저녁 늦게 도착), 당일 산행이었다.
113) 빼재 (신풍령)~갈미봉~못봉~백암봉~동엽령

삿갓골재대피소[114]

삿갓봉 눈앞에 두고 폭설이 틀어막아
한풀 꺾여 대피소서 겨울잠에 웅크린 곳
산 까치 갈 길을 차단(遮斷) 하산 길을 종용하네.

장수덕유산[115]

북덕유 넘실 애돌아
신풍령 움푹 수그려

멀쩡이 대덕산이
산그리메에 깜박 졸고

산하의 겹겹 초월경(超越境)
둘러앉힌 꽃능선.

---

114) ㉙ 삿갓골재대피소~육십령 : 2012년 7월 2일(11시경 출발~ 저녁 늦게 도착), 당일 산행이었다.
115) 육십령~할미봉(1026m)~서봉(장수덕유산 1492m)~남덕유산(1507m)~삿갓봉(1386m)

육십령116) 정상에서

손끝만 까딱해도 뒤집히기 위험천만
좁다란 틈새 길에 몸 가누기 난감하다
더듬이 촉수 휘저어 삐꺼덕 만류 하던 날.

뾰족이 아찔한 곳 명줄 믿고 열중이다
키 낮은 소낭구 잡고 어름마 끝에 정상 닿네
보름달 벗 삼아 떴네 등골 오싹 질린 벼랑.

백운산

야영한 터를 두고 무령고개 영취산 닿다
산죽능선 다투어 통과 백운산에 안착한다
중고개 재117)로 하산해 계곡 덕에 알몸 욕탕질.

---

116) 높이 734m. 경상남도 함양군의 서상면과 장수군 장계면의 경
 계를 이루는 고개. 덕유산에서 육십령 그리고 영취산으로 이어
 진다. 육십현(六十峴), 육복치(六卜峙)라 불렸다. 신라와 백제
 의 접경지이자 전라도와 경상도를 연결하는 주요 교통로이다.
 ㉚ 육십령~중고개재 : 2012년 7월 21일~22일, 일박 산행이었다.
117) ㉛ 중고개재~복싱이재 : 2013년 6월 29일(11:15~해질녘), 당
 일 산행이었다.

매봉

봉화산 정수리에
임도는 야생화 꽃길

꼬부랑재 매봉입구
진달래 터널군락

복싱이
재 닿는 일에
안간힘을 보탰다.

복싱이재[118]

모산성(母山城) 일명 아막성(阿幕城)
융성했던 그날 명성

운봉(雲峰)은 또 다른 궁합
입에 불린 산세 접하다.

인월에 장날이 선 날
복싱이재가 들썩댄다.

백제 신라 피의 혈투
거듭했던 영토 전쟁

몽고군 남하하고
왜적이 북진한 협로(峽路)

꽹가리 풍악에 가린
수풀길이 요새였다.

---

[118] ㉜ 복싱이재~여원재 : 2013년 7월 13일 (09:15~해질녘), 당일 산행이었다.

고남산[119]

떼구름 묻어온대요 예서 산행 거두랑게요
용한 산 업신여기다 낭패 볼일 뻔합네다
산동네 어른님 네들 용케 맞힌 입방아.

천기(天機)를 깡그리 뭉개니 통안재[120]서 호우 붓다
산성(山城)의 입구 닿자 당찬 호우에 움칠했네
센 기세 몰아친 번개 깜깜 앞길 막히데.

고려 말 이성계가 군사를 몰아 진을 친 곳
어르고 제단 쌓고 산신제의 공덕 끝에
왜구가 대패를 당한 고남산이 빛나네.

---

119) 높이 846.8m. 수정봉, 고남산, 여원치로 이어지는 백두대간의 산.
120) 통안재에서 전라북도 남원시 운봉읍 권포리로 하산길이 나 있다.

10부 지리산

여원재[121]

양각엔 머금은 미소 여원치 마애여래상
여원(女怨)의 그날 계시로 나라 섬긴 이성계다
운봉의 8경 중 하나 여원재의 여원낙조.

석물상 운봉대장군 마음을 여며 합장하세
들녘 끝 지리산 산맥 뻗어 나온 부운치 팔랑치
입망치[122] 설핏 오르막에 옛적 망루(望樓) 수정봉.

---

121) 고려 말 왜구의 침입이 잦았을 때의 화두다. 고갯마루 주막집 주모가 왜구무리들에게서 손을 탄 왼쪽 가슴을 잘라내고 자결했다는 애기다. 왜구를 물리치기 위해 운봉에 온 이성계는 꿈에 백발이 성성한 노파를 만난다. 싸움에서 이길 수 있는 날짜와 전략을 계시 받아 전투에서 대승을 거뒀다는 것이다.
이성계는 자결한 주모의 혼을 달래기 위해 고갯마루 암벽에 여상을 암각하고, 넋을 달래기 위한 사당을 지어 여원이라 했으며, 이 고개를 여원치라 불렀다는 것이다.
㉝ 여원재~고기 삼거리 : 2013년 8월 4일(09:30~14:00), 당일 산행이었다.
122) 입망치는 동쪽의 운봉읍 행정리 갓바래 마을과 서쪽의 이백면 과립리 입촌 마을을 넘나드는 고갯길.

노치샘

대간(大幹)길 마을 통로 노치샘이 반겨 맞다.
한여름 고기삼거리까지 뙤약볕 유난히 독해
드리운 수호(守護)수 아래 더위 피한 노모들.

큰고리봉123)

오르막 빡센 경사길
수월찮게 뻗었다네

정령치 휴게소가
먼발치에서 가뭇없는 손짓

만복대 산봉우리 넘자
성삼재가 확 띈다.

---

123) 높이 1304m. 아득한 전설이 이어져오는 곳이다. 천지개벽쯤의 시절에 대홍수로 인하여 천지가 물에 다 잠겼으나, 큰고리봉의 꼭대기만 물에 잠기지 않았다고 한다. 배에 탄 사람들이 고리를 달아 배를 매었다는 곳이다.
㉞ 고기 삼거리~성삼재 : 2013년 9월 27일(11시경?~16:20), 당일 산행이었다.

성삼재124)

이 관문 입성(入城)하면 연주 중인 오케스트라
누리다가 땅을 친 목숨 모질어 환생하는
우주의 성운(星雲)을 보네 첫 이슬이 영롱하네.

노고단125)

가없이 뿔이 돋은 영봉 국운을 비는 제단
현란한 불꽃 단풍 운해 너머 감돌은 낙조
저승길 노고단 맛봐야
후생 후한 던다네.

---

124) 높이 1,102m. 지리산 서쪽 능선에 있다. 마한시절 성씨가 다른 세 명의 장군이 지켰던 고개라 하여 붙여진 이름이다.
성삼재를 시작으로 동쪽으로 노고단, 임걸령, 삼도봉, 토끼봉, 명선봉, 형제봉, 촛대봉, 연하봉, 제석봉, 천왕봉에 이른다.
㉟ 성삼재~천왕봉 ; 2013년 10월 5일(3:00~16:45), 당일 산행이었다.
125) 높이 1,507m. 천왕봉(1,915m), 반야봉(1,734m)과 함께 지리산 유명 3대 봉우리 중 하나이다. 노고(老姑)는 할미 즉 국모신을 의미한다고 한다. 신라시대부터 국운 기원을 비는 장소로 추앙받고 있다.

뱀사골[126]

물길이 뱀 몸통이듯 곡류 영판 빼닮았네
지천에 소(沼)와 폭포가 너울치고 뒤섞이는
삼도봉 설핏 스쳐서 화개재가 그 필두다.

연하천 산장

명선봉과 삼각봉 골에
점지(點指)해 성스런 터

고산지대 구천(九天) 계류가
짚은 맥을 예서 풀다

의롭게 둘러 감싸인
숲속 산장 연하천.

---

126) 뱀사골은 용이 되지 못한 이무기의 한이 서려 있다는 전설이 있다. 이무기 즉 뱀이 죽은 곳이라 해서 불리게 되었다고도 한다.

벽소령[127]

널리 인걸(仁乞) 사내
뽀록난 아미(阿美) 선녀

한 많은 비리내 계곡
멍울진 사랑 원통한데

청잣빛 벽소한월(碧宵寒月)로
천추의 한을 보챈다.

---

[127] 벽소령에는 세 부자(父子) 바위 설화가 전한다. 내용은 두 아이와 남편은 하늘로 올라간 선녀(아이의 엄마)를 애타게 기다리다가, 벽소령 높은 곳에 세 개의 바위 화신이 되었다는 이야기이다. 나무꾼과 선녀 사연과 어울린다.

선비샘[128]

채찍에 갈증의 물 한 잔
목마른 자의 명줄이니

가든 길 앞세워 멈춰
비박한 예전 종주길

이만한 축복의 건배
비길 데가 있을까.

---

[128] 지리산 천왕봉에서 서쪽으로 연하봉, 촛대봉, 칠선봉을 지나면 덕평봉(1,522m)에 이른다. 이 덕평봉 기슭 능선에 선비샘이 있다. 수량은 비록 초라하지만 절대 마르는 법이 없다. 주위는 펀펀해서 오래 전에는 지리산 종주하는 산사나이들의 야영지로 인기였다. 현재는 야영금지 구역이다.
옛날 덕평골 아랫마을에 이씨 노인이 살았다. 집안은 대대로 화전민 자손으로, 박복한 탓에 무식하고 인품마저 초라해 보여 천대받고 살았다 한다. 노인의 평생소원은 한 번만이라도 선비대접을 받는 것이었고, 유언으로 죽거든 시체를 상덕평 샘터 위에 묻어 달라고 했다. 효성이 지극한 두 아들은 아버지의 유해를 샘터 위에 매장 했다. 이 때부터 매년 지리산을 방문하는 등산객들은, 이 샘터에서 물을 마실 경우 자의반 타의반, 노인의 무덤 앞에 인사를 하게 되니, 노인의 소망은 죽어서나마 이루게 되었던 것이다. 후일 동네 사람의 소박한 인정 탓에 이 곳의 샘터는 선비샘이라 불리게 되었다.
현재는 무덤은 간데없고 옛날의 전설만 무성할 뿐이다.

영신봉

품은 뜻 낙남정간 눈 뜬 무장(武裝) 영신봉129)아
백두대간 예쯤 닿아 정간(正幹)130)이 나래 편 시초(始初)
삼신봉 남부 능선이 아슴푸레 내달린다.

---

129) 높이 1,651.9m.
130) 「산줄기에 대하여」,(『아름터』 통권 제 5호, 통영한아름산악회, 1997, 51쪽)
"신라시대로부터 조선말기까지는 대간(大幹), 정간(正幹), 정맥(正脈)이라 불리어진 산줄기의 이름이 있었으며 이를 체계화시킨 지리서가 1769년 여암 신경준이 편찬한 『산경표(山經表)』이며, 산경표는 여지편람에 수록되어 있다./내용은 우리나라의 산줄기를 1대간, 2정간, 12정맥으로 분류하여 산의 줄기와 갈래의 내력을 백두산을 뿌리로 하여 바르게 서술하고 있다./낙남정간(落南正幹)이란?/낙동강의 남쪽지역에 있는 큰 산줄기라는 뜻이다. 백두산에서 시작되어 지리산까지 뻗은 백두대간의 산줄기가 다시 지리산 영신봉을 출발하여 동남쪽으로 흐른 산줄기가 고성의 무량산, 마산의 무학산을 거쳐 김해의 분산까지 이어지는 길이 226km의 산줄기이다."
하지만 이에 반해 낙남(落南)을 정맥(正脈)으로 주장하는 학설이 보편화 되어 있다. 낙남(落南)의 일부 구간의 맥이 흐려져 있음은 헤아릴 수 없는 세월 탓이 아닐까.

세석산장에서

천년을 고사(枯死)한 주목나무 잔돌투성이 세석평전
연분홍 철쭉 늘어져 야생화도 한 몫 하던
신비의 음양수 약수 득남 기도 빌던 곳.

촛대봉 화신(化身)이네 동터오던 빡센 외길
거림과 한신의 계곡 핏빛 배던 그날의 함성
눈보라 운무 덮치니 지척 구분 못한 날.

장터목산장

잇닿아 휘둘러 본 연봉(連峰)
엇갈리듯 헷갈린 독도(讀圖)

아스라한 절벽 위로
유유자적 온후한 운무

교신이 가까운 산마루엔
교통의 요지로 안성맞춤.

백제와 신라의 백성들
오르내릴락 숨 가프든 것을

연신 쏟는 핏빛 여울
싸안는 꽃단풍 잔치

가끔은 은유로 뒤덮인
사유의 문을 열다.

모진 게 돌너더랑 길
치고 올라 곧장 산줄기

허리를 감돌아들자
화답하는 장터목산장[131]

지혜로 주문을 외듯
시비(是非)를 등진 이 천국.

---

131) 장터목 산장(1650m)은 지리산에서 가장 높은 곳에 위치한 산장이다. 삼국시대에는 남원과 구례 쪽의 백제인과 함양과 산청 쪽의 신라인이 올라와, 물물거래를 했다는 설이 있을 정도이다. 현재까지 산상(山上) 교통의 요지로 알려져 있다.

천왕봉, 그리고 중산리

천왕봉132) 홀로 날듯 기(氣)를 우뚝 곧추세운
흩뿌린 비 그치자 오늘 응당 바람세다
늦가을 쉬 타는 낙엽들 속살 따뜻한 여울물.

유장한 골바람 노래 꽃덤불 스산한 등뼈
도처에 말문 쏟아 붓고는 꼬리 감춘 그날 용틀임
천왕샘 천상(天上)의 무대 싸라기별이 유난하다.

알밤이 툭 떨어진 네들의 의사(意思) 몸짓
해질녘 공복(空腹)에 쫓겨 신발 끈을 고쳐 맨다
서둘러 하산할 중산리 뚫린 길이 휘돈다.

---

132) 높이 1,915m. 남한에서는 한라산(1,950m) 다음 순으로 높다. 하늘을 떠받치듯 거대한 암괴(岩塊)가 산의 정상을 이루고 있다. 지리산, 금강산, 한라산을 합해서 삼신산(三神山)이라고 한다. 지리산은 신라 5악 중에 남악이다. '어리석은 사람이 머물면 지혜로운 사람으로 달라진다'해서 불려 왔다고 전한다. 지리산 8경 가운데 제1경이 운무 깔린 천왕봉 해돋이 일출로 이름났다. 정상에서 산청 쪽으로 하산하면 웅장한 바위 틈새에서 솟아나는 천왕샘이 있다. 중산리(장터목)코스는 12.4km 로서, 중산리탐방안내소에서 출발하여 장터목대피소, 천왕봉, 로타리대피소를 거쳐 중산리로 이어진다. 약 9시간 소요된다.

| 산문 |

백두대간(白頭大幹)의
튼실한 생태복원을 꿈꾸며

　백두대간(白頭大幹)133)은 "백두산에서 시작되어 동쪽 해안선을 끼고", "국토의 척추인 양" "남쪽으로 흐르다가, 태백산 부근에서 서쪽으로 기울어 남쪽 내륙의 지리산"으로 통한다. 「백두대간 보호에 관한 법률」(2005년1월1일 시행, 2009년3월5일 개정)에서, "백두대간이라 함은 백두산에서 시작하여 금강산·설악산·태백산·소백산을 거쳐 지리산으로 이어지는, 큰 산줄기를 말한다"는 것이다. 이는 백두대간 남한구간을 요약하기 위한 정의로 보인다. 여기에서 금강산이 속해 있는 것은,

---

133) 산경표에 따르면 백두산부터 원산, 함경도 단천의 황토령, 함흥의 황초령, 설한령, 평안도 연원의 낭림산, 함경도 안변의 분수령, 강원도 회양의 철령과 금강산, 강릉의 오대산, 삼척의 태백산, 충청도 보은의 속리산을 거쳐 지리산으로 이어지는 것으로 설명하고 있다. [네이버 지식백과] 백두대간 [白頭大幹]

향로봉(1,296m)과의 연관 또는 금강산 하부 줄기의 중요성을 의미한다고 여겨진다. 백두대간 남진종주의 출발점은 진부령을 선정하는 것이 일반적이나 혹은 미시령에서 시작하는 경우도 있다.

백두대간 남한구간의 구체적인 주요 산들을 거론해 보면, "금강산(金剛山, 1,638m), 진부령(陳富嶺, 529m), 설악산(雪岳山, 1,708m), 오대산(五臺山, 1,563m), 대관령(大關嶺, 832m), 두타산(頭陀山, 1,353m), 태백산(太白山, 1,567m)으로 이어 흐르다가", "대간의 본줄기는 내륙 깊숙이 소백산(小白山, 1,421m), 죽령(竹嶺, 689m), 계립령(鷄立嶺), 이화령(梨花嶺, 548m), 속리산(俗離山, 1,508m)으로 뻗어내려, 한강과 낙동강을 남북으로 분수하였다. 이로부터 추풍령(秋風嶺), 황학산(黃鶴山, 1,111m), 삼도봉(三道峰, 1,177m), 덕유산(德裕山, 1,614m), 육십령(六十嶺, 734m), 영취산(靈鷲山)까지 금강의 동쪽 분수산맥을 형성하며 섬진강의 동쪽 분수령인 지리산(智異山, 1, 915m)에서 백두대간은 끝난다"[134]는 것이다.

남한 쪽 백두대간은 진부령에서 지리산 천황봉에 이르기까지, 대략 684km 정도로 산정되어진다고 한다. 하

---

134) [네이버 지식백과] 백두대간 [白頭大幹] (한국민족문화대백과, 한국학중앙연구원)

지만 실제 도상(途上)거리는 1,400㎞ 가량 이라는 사실이다. 이에 관한 통계적 수치는 다소 차이가 있어 주장하는 바가 다르다. 백두대간 전 구간을 면밀하게 들여다 보기 위해서는 국립지리원 발행 5만분의 1 지형도가 있다. 종주에 요긴하게 쓰일 수 있는 부분은 24매의 대형 원색지도이다.

나는 근 10년에 걸쳐 느림보 걸음으로 백두대간 남한부분 단독종주를 마감하였다. 힘에 버거울 정도의 등짐을 지고, 뛰고 걷고 기며 구간 종주를 하면서 대간의 실체를 몸으로 체험하였다. 거의 매년 6월 초순부터 10월 하순까지 틈틈이 산행을 한 산실이다.

이 과정에서 나는 각 령을 관통하는 수많은 공사 현장을 목격 하였다. 예전에는 상상조차 하기 어려운 현상이 한창 벌어지고 있는 것이었다. 어느 곳에서는 동물 이동 통로를 만들어, 그나마 숨통을 트고 있는 곳도 있었지만, 그렇지 않은 곳도 흔하다. 이들 모두 보호야생동식물의 분포지로서, 보존 대책이 시급한 실정이라 한다.

백두대간은 우리 민족의 가슴에 굵고 선명하게 남겨져 있는 산줄기이며, 민족성이 짙은 각종 예술을 창조시킬 수 있는 영원한 모태라 할 수 있다. 이곳은 헤아릴 수 없을 정도의 동, 식물들의 안식처이며, 삶을 위해 과거엔 통로로 사용하였으며, 현재도 변함없이 요구되는 곳이다. 또한, 우리의 삶을 증진시키기 위해 쾌청한 공기를 제공하기도 하고, 척박한 우리 국토 중 각종 자원 공급도 많이 받는 곳이기도 하다.

주차장 지나 힘겨운 너덜지대/ 솟구쳐 오르면 그곳에 사는 탑과 탑/ 허허로운 빈자리 채우고 있는 탑/ 들은 탑과 분리되지 않고 탑에 포함되어 있어/ 누수 되는 것으로부터 말뚱히 지키는 배수지처럼 금가지 않고/ 지질시대 중 최고의 시대부터 견고히 갈고 닦아온 순박한 자태/ 새끼 능선을 거느리는 둔중한 주 능선의 위용/ 길이와 덩치는 커서 굳고 끄떡없게 맹위 떨치던/ 탑 세우고 마음 어우러져 탑돌이로 끈끈히 기를 살려온 일/ 이 탑을 차지하기 위해서 치고받고 싸웠던 시대의 요충지//포탄을 투하하고 탱크들이 줄줄이 몰려오고/ 사정없이 그의 탑 옆구리를 송곳으로 낸 구멍들/ 지하도 갱도를 굴진 하다 못해/ 두더지들이 탑의 늑골에 숭숭 구멍을 뚫고 있어/ 두 손을 들고 무장 해제된 채 포박 당한 탑/ 가까이 다가갈수록 발기발기 찢겨진 탑/ 기단이 흔들거려 피가 철철 흐르는 탑/ 마취 총에 맞은 탑이 기력을 잃고 아예 몸져누워 있어/ 황홀턴 눈알이 아렴풋하다./ 백두대간

―필자의 詩『탑』(신생, 2004년 봄호)전문

위의 시는 드라이브용으로 전락해 버린 일부 산맥의 관통도로나, 무자비한 개발로 무너져 내리는 산사태, 골프장 건설로 황폐해져 가는 모습, 이미 환경의 사각지대로 전락한 폐광지역, 석회석 채광 등으로 인해 처참하게 뼈만 드러낸 백두대간을 시로 표현한 것이다.

　대간의 땅은 산의 생명처라 일컬으며, 흙은 살로 물은 피로 풀과 나무는 털이라 칭한다. 흙과 물 그리고 풀과 나무 등은 생명체의 요소들이다. 이것들이 시들면 모든 생명체는 신음한다. 우리 인간도 마찬가지이다. 당장 피부에 닿는 이익이 없었다면 오늘날의 모습은 아니었을 것이다. 허허로이 빈자리 지키며 산과 들은 금가지 않았을 것이다. 백두대간은 태고 적부터 견고히 자리하여, 위용을 계속 발하고 맹위를 떨치며 끈끈히 기를 다지고 있다. 그 값어치를 절실히 깨달아야 할 것이다.

　하지만 여러 지자체들은 각종 눈앞의 이익에 휘둘려, 백두대간 주변 난개발 훼손과 파괴를 자행하는데 앞장서고 있으며, 결과적으로 관통하고 있는 도로 또는 터널 공사가, 예전에도 지금도 한창 진행 중인 것으로 알려지고 있다.

　나는 무장해제 되어 찢겨지고 있는 산, 그로 인하여 피를 철철 흘리는 산, 아예 몸져누워 있는 산을 보았다.

생각해 보면 전설처럼 황홀했던 대간의 눈알은 썩어 빛을 잃고 있었다. 정말 아팠다.

    피가 돌고 돌아야/ 춤으로 승화되는 사연을,/ 뺑글뺑글 잇달아서 늘 지구도 돌고/ 목숨 사린 것 죄다 들이 마시고 내 쉰다/ 환경이 멈추면 피의 노동은 끝나고 말아/ 탐험한 별들 중에/ 인류의 보금자리는 단지 지구 뿐/ 피의 몫은 이 영역을 사수해야 한다는 것/ 파괴의 가속화가 황폐화로 치닫는 오늘날의 현상, 그로 인해 미래는 불치의 병을 얻어 고통 속에서 허덕이며 시한부 운명을 짐지게도 될 것/ 끊임없이 추락하는 것에도 한계는 있어/ 볼 장 다 본 날 쓰러져 토해낼 선혈 낭자한 피// 본능적으로 인간은 환경을 바꿔놓는 종족 이란다/ 지구가 멈추지 않아 정말 고마워라/ 궤도를 이탈 집 나가지 않아 더욱 살고 싶어라/ 환경은 모든 것의 어머니/ 더할 나위 없이 맑은 옹달우물로 퐁퐁 솟아야 하는 것/ 피를 더 없이 맑게 되돌려야 하는 이치는 깊고 오묘한 것/ 피는 사람을 기운 차리는 데 있어 없어서는 아니 되는 것/ 세상을 유지시키는 힘은/ 굳지 않은 피
    —필자의 詩『끊임없이 추락하는 것에도 한계는 있다』
                                 (신생, 2004년 봄호)전문

    신음을 앓고 있는 지구의 환경은 지역의 환경들이 살

아 꿈틀거려야 만이 구할 수 있다. 환경의 파괴는 끝내 피를 불러 재앙을 가져다 줄 것이며, 이 징후들이 서서히 나타나고 있는 것이 현실이다. 체질적으로 인간은 환경을 바꿔놓는 종족이라고들 한다. 환경은 살아 있는 모든 것의 어머니가 아닐까.

세상의 옹달샘은 오염되지 않아야 마땅하고, 우리 주위 여건은 더없이 맑아야 한다. 환경은 인간에 있어서의 피다. 피가 썩으면 굳으며 마침내 끝장을 볼 것이다.

백두대간의 중요성은 오래 전부터 신문, 방송 또는 각종 매체를 통해 강조되고 있다. 이 일환으로 백두대간 보호에 관한 법률이 제정되었다지만 제 몫을 다하기에는 부족하다는 것이 현실이다. 환경보다 생활의 편익이 우선으로 변해가기 때문이다. 돌이켜보면 이 보호지역에 대해서 당초 계획은 관심 둘만 하였으나, 점차 축소되고 있어 정부 측은 보전의지를 확대 확고히 하라는, 환경론자들의 여론이 한층 드높다. 말하자면 이 '백두대간보호법'은 현재로서는 상징적인 역할 뿐 강제성이 부족하다는 것이다. 자연이 시들면 인간의 생명도 어쩔 수 없이 병든다는 것은 두말할 여지도 없는 것 아닌가.

이제 대동맥의 진원지를 되돌리는 데 힘을 모아야 할 때가 왔다. 관심과 노력을 가일층 돋우어야 할 시점이

오늘이고 미래인 것이다. 좋은 예로서 노고단과 세석평전의 생태복원작업이, 완전 복구에는 앞으로도 더없는 노력이 요구되지만 그래도 상당한 부분에 있어 수술되어, 과거의 모습을 어느 정도 복원시켜 보여주고 있다고 한다. 나는 일제와 한국전쟁으로 훼손된 대관령 구간을 종주 하면서 체험한, 특수조림지의 사업성과나 이 외에도 곳곳에 보호구역을 설정하여 원상태로 환원시키고자 애쓰는 모습 등을 볼 때, 백두대간의 훼손을 복구할 수 있는 가능성을 미소하나마 확신할 수 있었다.

무모한 개발과 파괴는 인간의 생명을 위협한다. 개개인의 생명은 존귀한 것이며 이 생명을 지키기 위해 위대한 자연을 섬겨야 한다. 적극적인 의지로서 안락하고 평온한 삶이 이루어지길 기대해 본다. 미래는 현재로부터 보장받아지듯, 곧 백두대간의 환경에 있어 신경을 곤두세워야 할 중요한 시기가 지금이라 생각하고, 애써 수술하여 종전의 모습을 찾기 위해 힘씀으로써, 희망의 길이 열리리라 확신해 본다.

시계詩界 시선 07

김보한 서사시조(敍事詩調)집
백두대간, 길을 묻다

지은이 ‖ 김 보 한
펴낸이 ‖ 김 보 한
펴낸곳 ‖ 시계詩界
등 록 ‖ 2010년 3월 23일, 제533-2008-1호
주 소 ‖ 경남 통영시 명정 2길 12(명정동 474-7)
전 화 ‖ (055) 642-9530, 손전화 010-4594-3555
E-mail ‖ sigepoem@naver.com
초판인쇄 ‖ 2017년 7월 3일
초판발행 ‖ 2017년 7월 8일

ISBN 978-89-964261-4-1 03810

값 10,000원

※ 잘못된 책은 바꾸어 드립니다.